中华中医昆仑

吴定寰学术评传

张镜源◎主编

中国盲文出版社

图书在版编目（CIP）数据

吴定寰学术评传（大字版）/ 张镜源主编. —北京：中国盲文出版社，2015.12

（中华中医昆仑）

ISBN 978-7-5002-6850-5

Ⅰ. ①吴… Ⅱ. ①张… Ⅲ. ①吴定寰—评传 Ⅳ. ①K826.2

中国版本图书馆 CIP 数据核字（2015）第 316952 号

吴定寰学术评传

主　　编：张镜源
责任编辑：张冬芝
出版发行：中国盲文出版社
社　　址：北京市西城区太平街甲 6 号
邮政编码：100050
印　　刷：北京华联印刷有限公司
经　　销：新华书店
开　　本：700×1000　1/16
字　　数：42 千字
印　　张：6.5
版　　次：2015 年 12 月第 1 版　2015 年 12 月第 1 次印刷
书　　号：ISBN 978-7-5002-6850-5/K·455
定　　价：12.00 元
销售服务热线：（010）83190297　83190289　83190292

丛书编委会

前 言

中医药是中华民族的伟大创造，是世界医学宝库中的夺目瑰宝，数千年来为中华民族的繁衍昌盛作出了巨大的不可磨灭的贡献，至今仍是中国医药卫生事业不可分割的重要组成部分，在维护民族体魄康健、促进经济社会发展中发挥着不可替代的作用。

中医药学，是中华传统文化和科技文明的结晶，是勤劳聪慧的中华儿女在几千年生产生活实践中，在与疾病作斗争的过程中，创造的独具特色的医学科学体系。它有着浓郁的民族特色、深厚的文化底蕴和丰富的哲学内涵。经过一代又一代中医药传人、一辈又一辈名医大家的实践探索、薪火传承、总结完善、创新发展，逐步形成了系统的理论体系、独特的诊疗方法、丰富的医学内容、实用的制药技术。具有疗效确切、用药安全、应诊灵活、普适简廉和预防保健作用显著的巨大优势，在世界医学之林独树一帜，为人类的文明进步与医疗保健事业，已经并正在作出积极的贡献。

为了弘扬中华民族传统文化，彰显中医药学家的丰功伟绩，当代中医药发展研究中心与中国文学艺术界联合会、国家中医药管理局新闻办公室、中华中医药学会、中国中医科学院、北京中医药大学、世界中医药学会联合会等精诚合作，在国家中医药管理局的支持和指导下，为中华近现代百年来贡献卓著、深受敬仰的150位中医药学家，编撰出版了这部大型传记丛书。丛书采用评传体裁，记载他们的生平事迹、医术专长、学术思想、传承教育、医风医德、养生之道和突出贡献，使这些宝贵的医学成就和精神财富发扬光大，千古流芳。

丛书取名《中华中医昆仑》。昆仑山，被尊为“万山之祖”，柱西北而瞰东南，立中国而凭世界，凌驾乾坤，巍然屹立。以其高峻豪迈、绵延起伏的磅礴气势，寓意中华中医药学历史悠久、博大精深和永不衰竭；以其挺拔雄伟、高耸入云的恢弘气魄，彪炳一代中医药学家的丰功伟绩、杰出贡献和不朽勋业。

丛书入选传主，从全国范围推荐遴选，遍及中医药界各个领域。有临床家、理论家、药学家、教育家、医史文献学家；有名师亲授、世医家教、学派传人、院校毕业和自学成才者；有师徒并驾、父子齐名和伉俪联袂者。他们学术造诣深厚、诊疗技术精湛、临床经验丰富、学科地位崇高、科研成果丰硕、医风医德高尚、国内外影响较大，从医学理论到临床实践，为中医药事业的传承和发展作出了突出贡献，是近现代百年来中华中医药界的杰出代表。

丛书的出版，对于弘扬中华文化，振兴中医药事业，造就中医药人才，普及中医药知识，具有重要的现实意义和深远的历史意义。这是一项开创性工作，填补了我国为著名中医药学家大规模撰写传记的空白；也是一项抢救性工作，因入选传主已仙逝过半，许多亲历、亲见、亲闻的史料日见散逸，将之收集整理、编撰成书，功垂后世、利国利民；更是一项承前启后的工作，总结传主经验，传承中医药伟业，继往开来，光耀世界医学之林。这部医文结合，富蕴历史性、学术性、文学性和实用性的鸿篇巨制，对医疗、卫生、科研、教育及全球关注中华中医药文化的各界人士，都有重要的参考和阅读价值。

丛书的编撰出版，是一项巨大的中医药文

化建设工程，在策划、撰写、编辑、出版过程中，自始至终得到了国家有关领导、政府部门及社会各界人士的关心和支持。国家中医药管理局高度重视，并组织专家对全书进行终审；数百名专家、学者亲临指导，参与规划；有关省、市、自治区卫生厅、局、中医局（处）给予大力帮助；传主及其亲属、弟子热情支持、密切配合；撰稿人深情满怀、辛勤笔耕；编审专家尽心竭力、精工细琢；关爱中医药事业的企业家热心公益、慷慨资助；全体工作人员不辞辛劳、无私奉献，这一切使丛书得以顺利出版。对此，我们深表谢意。

由于时间紧迫和资料搜集困难，加之水平有限，难免有疏误之处，敬请广大读者批评指正。

中华中医药学，历史悠久，源远流长，发端于远古，奔向于未来。百年对于历史，不过是短暂的瞬间；百人对于万众，不过是沧海一粟。然本丛书所记载的百年百人，则无疑是波澜壮阔的中医药发展史上辉煌的篇章和光芒闪烁的璀璨星辰。

张镜源

目录

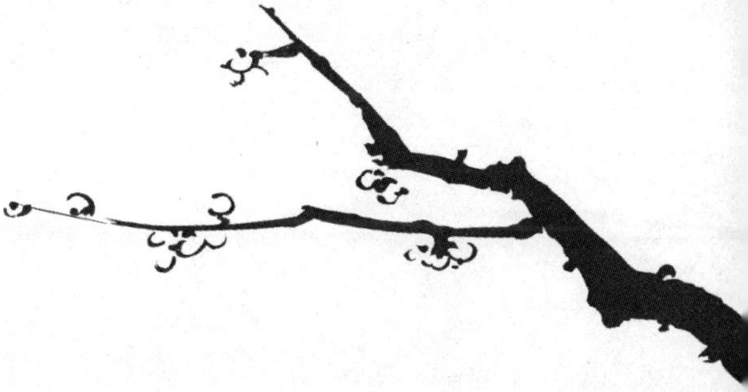

鞠躬尽瘁为患者 毕生追求医道真

——吴定寰

吴定寰（1928—2008），字于一，生于吉林省吉林市，满族镶黄旗人，中国共产党党员，农工民主党党员。著名中医骨伤学家。首批全国老中医药专家学术经验继承工作指导老师。北京中医药大学附属护国寺中医医院骨伤科主任医师，北京中医药大学教授，被国务院确定为有特殊贡献专家，享受国务院政府特殊津贴。早年师从京城宫廷正骨名医夏锡伍，得其真传，成为其正骨按摩嫡系传人。历任中国传统医学手法研究会副理事长，北京中医学会常务理事，正骨按摩学术委员会主任委员，北京市卫生系统高级职称评审委员会委员。

吴定寰行医近 60 年，对中医骨科学和满、蒙正骨学造诣精深，有丰富的临床经验、高超的正骨手法，对清代宫廷正骨医学的理论体系、临床手法进行了继承、挖掘和整理，有独特的见解和研究。他参加并指导完成的《清代上驷院绰班处正骨手法传人夏锡伍脉系源流的文献研究》学术论文及《夏氏宫廷正骨手法荟萃》录像片，分别获得 1992 年、1993 年北京市中医管理局科技成果一等奖。吴定寰在学术上师古而不泥古，对《医宗金鉴·正骨心法要旨》提出了自己深刻而独到的见解。他强调，要想做到“一旦临证，机触于外，巧生于内，手随心转，法从手出……法之所施，使患者不知其苦”，医生自己首先要做到心明，要有心、用心，无心则无法，心不明则法必乱。他医德高尚，医术高超，全心全意为病人服务。

吴定寰集多年的临床经验并博览群书，对中医正骨的治疗手法进行了不断的改进和研究，使夏氏正骨手法更加完善和系统化，擅长治疗骨折脱位、骨关节病、颈椎病、腰椎病、软组织损伤等。对颈椎病、腰椎间盘突出症等病的手法治疗效果尤为显著。在治疗骨折方面，尤其是对近关节骨折的手法治疗，提出了正、整、接、实的学术思想，采用传统的纸排子固定法及中后期骨科药热敷、小夹板固定和气囊压垫，形成了独特的治疗方法体系。常用方剂是在宫廷秘方基础上研制开发的宫廷熥药、正骨紫金丹、跌打万应散、跌打万应膏系列中药，治疗骨伤病效果神奇。他撰写了《偏瘫后四大畸形的防治体会及注意点》等专著，并主持整理了《民国名医著作精华丛书》。

离乡赴京　拜师御医

1928年5月，这是东北春暖还寒的时节。5月28日，吴定寰出生在吉林省吉林市一个富裕的大户人家。在离开东北老家之前，吴定寰一直被乡亲邻里称为“吴大少爷”。吴家家训颇严，平日的点滴生活细节，造就了吴定寰从小遵从祖训，恪守仁、义、礼、智、信的人生信条。在当地，他的仁慈与德行被广为称道。

吴家是满族镶黄旗血统，祖辈在清代出了7个举人、8个进士，可谓官宦世家，书香门第。吴定寰的祖父曾在清政府任太师，辛亥革命后阖家返归故乡吉林。之后，吴定寰的父亲赴日本留学，学成归国后正赶上日本入侵中国，当时伪满洲国的日本人多次邀请他父亲为日本人工作，但吴家的祖训是尽忠报国，所以尽管当时家道败落，生活窘迫，但他的父亲依然拒绝为伪满洲国服务。1943 年，年仅 30 多岁的父亲便悲愤成疾，离开人世。这年，吴定寰只有 15 岁。

在此后的艰难岁月中，是母亲将吴定寰兄妹三个抚养成人。吴定寰虽为满族镶黄旗人后裔，但在他身上并没有八旗子弟的嚣张与傲慢。他平和谦逊，乐观进取。即便是在日本奴役化的统治下，也没有放弃任何学习、进步的机会，因为在他看来，学习是他挣脱日本奴化教育的唯一途径。日本投降后的第二年，吴定寰孤身一人赴北京寻求发展。来到北京后，他借住在亲戚家里，先后就读于北京崇实中学和北京进德高中。经过勤奋努力，1949 年 3 月，吴定寰考取了北京会计学校。毕业后，他开始在北京市灯市口德昌医疗器械厂从事会计工作。

1947年，吴定寰经人介绍与前清宫廷御医夏锡伍的养女岳桂珍相识，两人一见倾心，不久即结为连理。夏锡伍觉得吴定寰忠厚老实，人品可靠，就让他们夫妻婚后搬到自己家里，合住在北京市朝内北小街宝玉胡同的四合院内。正是这段良缘，使吴定寰日后踏上了中医正骨的研学之路。

夏锡伍（1880—1960），字常福，满族正白旗人，原籍沈阳松山。光绪二十五年，即夏锡伍19岁时，被选入上驷院绰班处（正骨科）学习“绰班”，成为桂祝峰的入室大弟子。夏锡伍聪颖好学，肯下苦功，深受师祖德寿田（绰班德）垂爱，并破例受到师祖的亲传。在6年绰班处的学习中，他成绩优秀，医术日渐精湛，并得到逐级晋升，至辛亥革命前夕，他晋升为蒙古医生长，正白旗护军六品校尉衔御医。

夏锡伍从恩师桂祝峰、祖师爷德寿田那里学到了正骨的绝技，并在实践中不断提高技艺。

夏锡伍在绰班处供职期间，已是清王朝的末期，政治腐败，一些八旗子弟靠“吃仓”、“讹库”、在赌局内“跳宝案子”谋生。不管是“吃仓”、“讹库”，还是“跳宝案子”，总不免要发生暴力冲突，常常有人被打得骨断筋折。被打的人只要面不改色，不喊痛，不求饶，就算“好汉”，每月都可以白吃粮，白领库银，或是在赌场白领钱。这些“好汉”甚至由王府供养，而且王府或者赌场老板还要请绰班处御医为这些人治伤。这在客观上为绰班处的医生提供了大量的实践机会，各种复杂的骨折、脱臼及其他伤病都是验证手法疗效、提高技艺、发展手法的必不可少的条件。夏锡伍也在为这些“好汉”治疗骨病的过程中，不断提高了自身的正骨技艺。

辛亥革命后，清政府被推翻。在宫内为王公贵族们治病的御医夏锡伍随之失业。走出宫廷的夏锡伍为维持生计，在北京市朝内北小街宝玉胡同 2 号的一座四合院里悬壶行医，其诊所取名松山堂，直至新中国成立。四合院内有15间房舍，除主人居住外，专门有两间房为患者治病。院内环境幽雅，上百年的红枣树、杏树、槐树和花草鱼塘把这座院子装扮得静谧温馨。即使是酷暑，小院也让人感觉清凉。屋檐下鸟笼中的几只黄雀不时地相啼鸣叫，悦耳动听。四合院的门楼外侧镶嵌着两个耀眼的铜铃把手，门牌上写着“夏锡伍寓所”。这座院子的独特标志在附近一带的住户中绝无仅有。夏锡伍在京城行医的医技和医德有口皆碑，为无数骨科患者解除了病痛，松山堂生意兴隆。

那时，吴定寰还有自己的工作，但因为夏锡伍年事已高，所以家里家外的大事小情都离不开吴定寰的悉心料理。每到下班或者休息时间，他总是主动地帮助岳父为病人按摩治病，干力所能及的活儿。日积月累，不经意间，吴定寰对正骨产生了兴趣，对正骨技法也略知一二。

吴定寰真正动心思要学宫廷正骨技艺还要从一件很意外的事情说起。吴定寰聪明、仁义、孝道的品行，使夏锡伍对他格外看重。早年，夏锡伍不论什么时候出门诊，都喜欢把吴定寰带在身边。有一次，黄昏之时，一个重病患者上门求医。当时，夏锡伍病了，卧床不起，而求治者病情严重。夏锡伍救人心切，就在病床上指导吴定寰为病人看病。患者经吴定寰的手掌一摸，一推，一托，一按，不想竟立竿见影，原来脱臼的下巴复位了。吴定寰欣喜之余，也感受到了作为医生救死扶伤的神圣，同时也被宫廷正骨的神奇技艺深深吸引了。于是吴定寰从此坚定信念，开始学医，治病救人。通过这一次意外给患者治病，夏锡伍认为，吴定寰悟性极高，是块学医的材料，于是决定把宫廷正骨技术传授给他。吴定寰 22 岁那年，正式拜夏锡伍为师。

多年后，吴定寰妹妹吴慧荣说：我们家祖

上没有学医的，哥哥学医是个意外。父母希望把他培养成一个大名鼎鼎的学者，光宗耀祖，后来事实证明，哥哥的成就实现了父母的心愿，他的医德和医术成为后人的楷模。

学正骨的人要有臂力、腕力、指力。学医期间，吴定寰每天都要天不亮就起床，练戳沙袋、滚沙袋、拉大弓，以增强自己的指力、腕力、臂力。天天如此，吴定寰练就了一套柔韧有度的手上功夫。秉承真传再加上自己的刻苦攻读，他的医术进步很快。不久，吴定寰便在夏锡伍创建的松山堂骨伤诊所随师应诊。

吴定寰跟随夏锡伍在松山堂行医期间，很多穷苦人没有钱看病抓药，于是松山堂便举行义诊活动，为附近的老百姓免费治病。如果患者家离诊所太远，吴定寰便安排他们在松山堂住下，并为他们提供茶水和饭菜。在吴定寰看来，真正为患者治好病是最关键的，无论患者是否有钱，他都同样悉心为其诊治。

“宫廷正骨”能考证的历史可以上溯到清代上驷院绰班处，也就是宫廷里专门治疗跌打损伤的正骨科。“绰班”是满语，就是汉语正骨的意思。上驷院绰班处御医的职责是为皇帝、后妃、亲王、贝勒、阿哥、格格、内廷文武官员、执事人员等医治骨伤疾患，并且要限定时间治好，超过了期限要受到惩治。这一机构日后被称为“宫廷正骨”。

明末清初，清兵入关。满蒙八旗兵善骑射、相扑，常发生坠扑跌折、关节脱臼及箭矢伤等。在这种情况下，蒙古医生应运而生，并且积累了丰富的医疗经验。当时比较著名的医生是蒙古医生绰尔济·墨尔根氏。可以说，绰尔济·墨尔根氏是清代蒙满绰班御医的鼻祖。

1644 年清朝定鼎北京后，“顺治十八年，设阿敦衙门，以大臣侍卫管理。无定员，设笔帖式十五人”。这就是上驷院的前身，至康熙十六年改为上驷院。雍正六年定卿为三品。此时上驷院的主要任务是为宫廷及骑兵驯养马匹，为数众多、领侍卫衔的蒙古医生纳入上驷院的管辖范围，其主要职责仍是为武官将领及骑兵治伤，尚未建立正式的医疗机构，手法亦未形成统一流派。与此同时，清政府沿袭明制，在朝廷设太医院，分为九科，其中有“疮疡科”和“正骨科”。疮疡科包括金疮痈疽，正骨科治疗骨折、脱臼、跌打损伤的疾患。乾隆初年，朝廷对医疗机构进行了调整，对上驷院管辖内负责正骨按摩的蒙古医生给予高度重视，并对医生的选拔、教学、官职、责任等做了明确规定。朝廷制度规定，在“三旗”的士卒中挑选懂得正骨技术的人，每旗选 10 名，称“蒙古医士”，由上驷院管理，最高职称为“蒙古医生长”。凡朝廷官员中有跌打损伤者，均由这些蒙古医士治疗，并且限定时间治好。这个医疗机构在上驷院被称为“绰班处”。

清初上驷院绰班处蒙族骨科医生觉罗伊桑

阿（1736—1795）是当时骨伤科最著名的医生。据《清史稿》记载：伊桑阿以正骨起家而至巨富。他教授徒弟的方法是将竹管截为几段，外用布包裹，然后让学生摩擦竹管，使截断的竹管每节对合好，就像没有截断的一样，然后再用这种手法接骨，其效果很好。这种手法从学术流派和学术思想上讲代表了技巧型手法。

至嘉庆末年、道光初年，朝廷对太医院进行了整顿。从那时起，上驷院绰班处成为清朝宫廷大内唯一的骨科医疗机构。绰班处的学习资料只有《医宗金鉴·正骨心法要旨》一书。那时学正骨都是师傅带徒弟，全凭口传身授。

上驷院绰班处自被设为独立的正骨机构后，便进入了发展的全盛时期，学术思想和医疗技术日臻成熟，涌现了大批的蒙、满、汉优秀骨伤和按摩医生。其中最著名的是满族人德寿田蒙古医生长。他由于治疗骨折、关节脱臼、软组织损伤及其他慢性疾患有独到之处而名噪京城，人称“绰班德”。他除在上驷院绰班处内直供奉外，还经常随侍圣驾，被赐正五品衔御医，服用六品冠带。嫡传弟子为桂祝峰。因德氏长寿，故在光绪年间还亲自传业于桂祝峰的弟子夏锡伍。

绰班处著名医生觉罗伊桑阿教授弟子接骨方法时，重点在“接”上。到了德寿田时期，他在教授弟子时则从“摸”开始。“摸法”用于诊断，在当时没有X光机的情况下，诊断病情全靠手，“摸法”的重要性不言而喻。德公将“摸”的绝技毫无保留地传授给了绰班处的每个弟子。他一生以治病救人为己任，表现出高尚的医德。德寿田要求弟子练习摸法的时候一定要达到《医宗金鉴·正骨心法要旨》中所要求的那样：“摸者，用手摸其所伤之处，或骨断、骨碎、骨歪、骨整、骨软、骨硬……以及表里虚实，并摸出所患之新旧，或为跌仆，或为错闪，或为打撞，然后依法治之。”“要做到虽在肉里，以手扪之，自知其情。”德寿田的弟子桂祝峰悟性最高，学习最下工夫，学得的真传绝技也最多。后来桂祝峰又毫无保留地将这些绝技传给了入室弟子夏锡伍等人。清政府被推翻后，夏锡伍带着宫廷正骨技艺走出了皇宫，开始为广大老百姓服务。他收吴定寰等人为徒，使得宫廷正骨技艺得以在民间继续传承。

夏锡伍在《正骨史话》中自述道：“我在解放前也和一般中医同样地保守自私，认为‘秘方’是多少年家传的无价之宝，不能轻易外传，更把它当成了借以生活的‘饭碗’，不允许别人分去一匙羹。师傅带徒弟自古以来就存在一种老规矩，大多数的师傅都得‘留一手’。当然，师傅留的那一手，不是普通的一手。绝不让徒弟青出于蓝超过了自己。在学医方面说，有许多价值偏高的‘秘方’，都一代一代地被师傅带到棺材里去了，这也是使‘秘方’渐渐失传的原因。这种狭隘自私的思想意识为共产党的伟大洗刷净尽，闭关自守的意念也被革命的人道主义精神打垮了！过去，我配制药时一定要关上门悄悄地做，就像做不体面的事一样，唯恐别人看见。回想这种情景，真是又可怜又可笑。我很幸运能亲眼看到中国人民彻底解放，不被人重视的中医学术也获得了发扬光大的机会。我自觉自愿地兴奋愉快地公开了我的‘秘方’，其中有吃的药、外敷的药，也有热熥药。公开了‘秘方’为患者医治好多疾患，我感到从未感到的愉快，从中体会到，医生的一生应当为解除别人的痛苦而活着，应当把解除别人的痛苦作为自己的生活快乐！”

夏锡伍历经光绪、宣统、民国和中华人民共和国成立初期四个时代，他在松山堂悬壶历四十载，共收徒 6 人：吴定寰、冯诩、周玉宗、郭宪和、王振邦、章庆仪。其中，与宫廷正骨结缘最深、技艺最精的当属大徒弟吴定寰。郭宪和回忆说：“1956 年夏，恩师夏锡伍收我为弟子，从师学习中医宫廷正骨之术，初次见到师兄吴定寰备感亲切。他平易近人，事无大小，每言必面带笑容。在学习期间，每当我在技术操作上有不规范之处，吴兄总是默不作声地先做示范，然后再低声讲解，使我了解手法的要领。他很好地继承了先师的技术风格。”

1949 年以后，夏锡伍积极参与北京市中医学会成立工作，后任正骨委员会主任委员，并参加北京市中医学会门诊部正骨科工作。夏锡伍还组建了北京市中医医院中医骨科及北京积水潭医院中医骨科，并兼任中医骨科顾问。卫生部还任命夏锡伍为华北地区骨科主考。

护国寺中医医院创建于 1952 年，夏锡伍带领徒弟吴定寰、郭宪和、周玉宗等人，为护国寺中医医院骨伤科的创立和发展奠定了基础。骨伤科继承了宫廷正骨技艺，采用中西医两种方法为骨伤患者提供服务。更值得一提的是，夏锡伍并没有将宫廷正骨的技艺隐藏起来，而是传授给了徒弟，并将秘方公之于众，为宫廷正骨技艺的传承作出了突出贡献。如今宫廷正骨经过第四代传人吴定寰等人的努力和传承，正不断发扬光大。

发展“宫廷正骨”流派

吴定寰不仅继承了宫廷正骨练功手法，还在原有的基础上发展了宫廷正骨练功法，使其内容更具有丰富性和系统性，为后人学习宫廷正骨提供了更为切当的基本功方法。

吴定寰在继承夏锡伍所提出的练功法的基础上，总结发展形成了松山堂夏式练功法。此功法，医生既可以用于自身的气功修养，也可以在医病治人时辅以功力治疗。

吴定寰总结的夏式练功法主要包括如意棒练功法、腕力练功法和沙袋练功法。

（一）如意棒练功法：如意棒练功法包括立式与卧式两类。立式练功法首先要精神集中，调心入静，排除杂念，意念归一，心安神静，意守丹田，周身放松，呼吸自然；头直，顶虚，项正，微合双眼，神光内敛，口腔放松，舌顶上腭；身腰自然竖直，宽胸实腹，松肩坠肘，提丹田气，贯于掌心劳宫穴和指尖。双手心虚含，持如意练功棒（类似哑铃）于身前，平脐。腰部放松，双腿分开，双足与肩同宽，足心虚含，足趾轻轻抓地，全身重心均匀放在全脚掌。双手持如意练功棒由下向前上方反复作圆周运动，每分钟 36 次，共做 10 分钟。

卧式练功法仰卧于床，双臂屈肘，松肩撑肘于床面，双手心虚含，对持如意练功棒于脐前。全身放松，意念归一，调息入静。口腔放松，舌尖轻抵上腭。双手持练功棒由下向上在胸前做圆周运动，可做 10 分钟，意念导引内力之法与立式练功法相同。如意棒练功法久练可使体内的功力增强，临证时做到手随心转，法从手出，对患者做换气功力按摩治疗。

（二）腕力练功法：练功时取站立式，两脚自然分开与肩同宽，调匀呼吸，意念归一。双手正握卷绳棒两端，两臂伸直向前举起至与肩平，随即两手交替用力，使手腕轮流向内扣紧，把重物慢慢卷起，待重物卷至将近木棒处，再使手腕轮流向外翻转，一卷一放为一次，重复上述动作。重物的重量要由轻到重慢慢增加，练功次数也要循功力的增加而逐渐增加。这是对前臂伸屈腕肌群的综合锻炼，同时能增加腕关节的灵活性。重物在循原路放下时，必须抗阻还原，不能随惯性自由下落。

（三）沙袋练功法：马裆式指力功，沉肩垂肘，松腕，以双手拇指指端或指腹按摩沙袋 10 分钟，增强拇指的力量，按摩时力度要求刚中有柔，沉稳深透；也可以双手五指指端同时按压沙袋，反复锻炼，可增强五指的肌力；也可以拇指及其余四指指腹直接提拿沙袋，力量要均匀、柔和，反复练习，频率不宜过快；也可以五指并拢，以指端为接触点，通过前臂及腕关节的活动，戳击沙袋，久练可增强指力。马裆式掌力功，以手掌之大、小鱼际及掌根部按摩沙袋。练功时要沉肩垂肘，以前臂带动腕关节，动作要灵活，力量要持久、柔和、深透，左右手交替练习，动作节奏不宜过快，力度切勿忽轻忽重。

吴定寰对宫廷正骨技艺的发展不止在练功法方面，在宫廷正骨的治疗手法和诊治思想方面也提出了自己的独到见解，形成了一套完整而系统的理论体系，从而填补了空白。宫廷正骨通过包括夏锡伍在内的多代宫廷御医，以及以吴定寰为代表的现代医师不断地继承和发展，形成了独有的学术派别，是骨伤科独成一脉的治疗体系。

宫廷上驷院绰班处的御医以前都是为皇亲国戚、王公大臣们治疗骨科疾病的。在为这些权高位重的人物治病时，御医们丝毫不敢怠慢，也不能在正骨的时候使患者感到剧烈的疼痛，所以宫廷正骨与其他正骨方法相比，最大的优势就在于正骨时不会引发剧烈疼痛，强调“使患者不知其苦”。吴定寰通过近60年的临床经验，在继承清代上驷院绰班处宫廷正骨治疗思想体系的基础上，形成了以“轻、柔、透、巧”为主的手法特点，以及以“知详备细、心慈术狠”为主旨的治疗思想。

“轻”主要指动作要轻，不用重力手法，同样能达到治疗的目的，使患者在心理上易于接受。

“柔”是手法力度要柔和，强调刚中有柔，柔中有刚，刚柔相济。手法的力量要根据病人病情，并结合医生自身的功力而运用。对新伤用力要轻，动作要缓，对陈旧伤则要逐步加力。对于体质较弱、病情较重的病人，治疗时要徐徐用力，以能耐受为限。对于身体强壮、病情较轻的患者，用力以使患者感到患处有沉重感或酸痛感即可。

“透”就是手法的力量要直达病处，使每一个手法都达到治疗的目的。手法是否深透，除了需要平时的刻苦练习，还与治疗时精神集中程度密不可分。医者用双手“体会”病患损伤的情况是治疗的基础，用“心”指导双手施术是治疗的目的。医者将双手置于患处作机械运动是手法治疗的外在现象，用“心”在病患的深处“治疗”才是手法治疗的本质和核心。中医正骨的手法治疗不是单纯的用双手做简单的、重复的机械运动，而是在“心神”的指引下做的一种能量的输出。“心”手并用才能使手法的力量直达病处，充分发挥手法的作用。在“心神”的指导下施用手法，手法自然就会刚柔相济，和缓深透，达到“法之所施，使患者不知其苦”的效果。无“心”之手法就像无源之水，力度很难维持。而有“心”之手法犹如有源之川，力量连绵不绝，因手法过重、过猛、过生硬而造成的局部肌肉、筋腱、筋经等软组织损伤也会避免。

“巧”是利用医生娴熟的技术，医患之间相互配合，用最小的气力、简便的手法，矫正骨折、脱位及软组织损伤。吴定寰宫廷正骨手法在正骨或治疗脱位上突出一个“巧”字，主张用“巧劲”进行骨折的整复和脱位的复位，并巧妙利用患者的心理。拔伸是治疗骨折脱位的必要手段，欲合先离，离而复合。但在具体使用上，吴定寰正骨手法有着自己的特点。如骨折重叠移位明显者，须对骨折处进行平稳、持续、有力的牵引；对成角畸形者，应轻轻牵引以矫正为主；在骨折断端有软组织嵌入的情况下，用力牵引只会造成肌肉或软组织的损伤，须轻轻试用不同方向的牵引和抖动，方可使嵌入的组织解脱而成功复位。以上的正骨手法中都有牵引，但牵引与拔伸还有所不同。牵引是治疗助手与医生对抗产生的力，是被动的，是拔伸中的“拔”。“伸”是患者自身主动伸展产生的力，是主动的。医者拔要轻柔平稳，持续有力，并嘱咐患者主动伸展患肢，这样才能提高疗效，减轻痛苦。正所谓“千斤硬拔，不如一两伸”。

“知详”就是对患者的病情要有详细的了解，做到心中有数。手法治疗前必须要对病情进行周密的了解，必须有明确的诊断。对损伤局部的情况要认真地进行望、摸、比，做到“手摸心会”，心中有数。只有在准确了解损伤的具体部位、性质、变化等基础上，才能正确运用手法进行治疗。对一些隐匿损伤，如不全骨折、关节的错缝，需要通过详细询问病史，细致观察症状，最主要的是通过摸法详尽了解损伤局部的情况。当然对于那些明显的骨折、脱位和软组织损伤也需要以手扪之，以进一步了解损伤的情况，真正做到“素知其体相，识其部位”。

“备细”就是对拟施手法的力度、方向要胸有成竹，拟用的药物、器具要仔细准备，放在手边。

“心慈”就是充分估计患者对所施手法的各种反应，施术时密切观察患者的反应，尽量使患者少受或不受痛苦。

“术狠”就是在“知详备细”和“心慈”的基础上，一旦施术，要大胆、准确、迅速、彻底。

吴定寰在治疗骨折方面，尤其是近关节骨折的手法治疗上，提出了“正、整、接、实”的学术思想，逐渐形成了独特的宫廷正骨手法流派。

“正”是骨折整复的前提，也是整复过程中的重要内容，其内涵非常丰富。“正”的第一层含义是针对拔伸而言的。正拔伸、斜拔伸都是为了正。初以患者为正，中以上骨为正，后以旧位为正。就是说，治疗前医生要让患者将身体摆正，对骨折开始拔伸时要以患者伤肢当时的姿势为正，目的是按伤肢当时的姿势顺势拔伸。在开始复位时，拔伸的方向要以骨折近端为正，医生和助手的每个拔伸牵引和整复动作，都要使患处的骨骼与肌肉趋向于“正”位，即自然的解剖位，逐渐使骨折远端与骨折近端对正。然后拔伸的方向要以骨折前伤肢的位置为正，也即通过拔伸和其他手法最后使伤肢恢复到受伤前的位置上。

“正”的第二层含义就是整复时患者的体位要正。助手（对抗牵引者）对抗牵引的姿势和方向要正。患者在治疗时，由于疼痛等原因，常会弯腰屈背，辗转扭动，对复位不利。拔伸牵引过程中保持正确的牵引姿势和方向，牵引力量由小到大循序渐进，可以减少骨折断端对周围肌肉、肌腱等软组织的刺激，减轻患者疼痛，维持“正”体位。

“正”还有一层含义就是以患者为正，强调

患者的主动配合。中医拔伸与西医的牵引不完全相同。拔是医生的动作，伸则是患者的主动动作。在骨折治疗前，把治疗方法和目的详细向患者和助手交代，让助手顺患者主动伸的方向拔，并嘱咐患者顺着拔的方向伸展伤肢。医生、患者一拔一伸密切配合，不但拔者省力，肌肉容易松弛，减少了整复过程中患者的痛苦，也不易发生附加损伤。吴定寰强调，在治疗过程中要尽量做到医患配合，反对在治疗过程中医生采用粗暴的手法，因为这样容易导致医源性损伤，从而进一步加重患者的痛苦，而且不利于提高治疗效果。

“整”是指具体的骨折或脱臼整复，根据具体情况或推或挤，或拔伸或牵引，多用于有移位或近关节骨折的整复，指近关节骨折复位时首先要使远、近骨折端尽量接近，形成一个整体后再矫正骨折的旋转与成角。

近关节骨折大致可以分为单轴型关节近关

节骨折和多轴型关节近关节骨折两种。单轴型关节近关节骨折一般只在一个平面上发生移位，如伸直型肱骨髁上骨折，须在适当拔伸下屈肘，使骨折远近端形成一个整体后再进行提端旋转复位；多轴型关节近关节骨折一般在矢状面、冠状面、水平面三个平面上移位，复位时需要分别或同时改变几个方向，使骨折远、近端形成一个整体才能复位，如肱骨外科颈内收型骨折，复位时先顺势拔伸，然后在拔伸下内收、内旋，使骨折远、近端形成整体，然后外展、前屈、上旋，这样才能矫正骨折端的嵌插、重叠及向外向前的成角和旋转移位。

“接”即接骨。凡骨之跌伤错落，或断而两分，或折而陷下，或碎而散乱，或歧而旁凸，相其形势，徐徐接之，使断者复续，陷者复起，碎者复完，凸者复平。或用手法，或用器具，或手法、器具先后而兼用之。“接”是各种复位手法的目的，“正”和“整”都是接的一部分，都为“接”创造有利的条件。

“实”有两层含义，其一是指在使用各种手法时要准确、彻底，要善其法，尽其法。其二是指骨折重叠，旋转成角矫正后，还要仔细检查有无侧方移位，以两手或拿或抱挤推复位，对前方移位则在适当拔伸下用端、提、按等法使之复位。总之，骨折的复位要准确，动作要一丝不苟。

辨证施治　手法独特

以吴定寰为学术带头人的宫廷正骨流派，在长期治疗骨科疾病的实践中，以中医望、闻、问、切四诊为基础，形成了独特的辨证诊断体系和辨证施治方法。

正骨科的望诊，除了要对全身的神色、形态与舌苔进行全面的观察外，还要对损伤局部及其临近部位进行特别观察。如上肢受伤后，一般健侧托扶患侧，局部或畸形或肿胀；下肢受伤后，行路困难，身体多向健侧倾斜，局部或畸形或肿胀。正骨科望诊包括望全身和望局部。望全身包括望神色、望形态、望肤色。望神色：察其神态色泽的变化。望形态：在肢体受伤较重时，多出现形态的改变。望肤色：轻伤多无明显改变。望局部指望畸形、望肿胀、望肢体功能。望畸形：骨折或脱臼后，肢体一般均有明显的畸形，所以望畸形对于外伤的辨证是十分重要的。望肿胀：损伤以后多有肿胀，须观察其肿胀的程度，以及色泽的变化。新伤红肿较甚，陈伤肿胀和色泽变化不大。望肢体功能：注意关节能否屈伸旋转。

正骨科的闻诊，除了听病人的语言、呼吸、喘息、咳嗽、呕吐、呃逆等一般内容以外，还应注意以下几点。听骨擦音：骨擦音是骨折的主要症状之一，所以伤骨在完全折断时都能听到骨擦音。听骨擦音不仅可以诊断骨折，而且不同的骨擦音还可以提示骨折可能属于何种类型。如横行骨折，声音清脆而短；斜行骨折，声音低而长；粉碎性骨折，声音多而散乱如淅淅之声；骨裂及嵌入骨折，没有骨擦音，或声音极轻微而细小。骨擦音经治疗后消失，表示骨折已接续。但应注意，检查时不能因追求骨擦音而增加患者的痛苦。听入臼声：脱臼复位上骱时的“咯噔”一声，即是上骱成功的信号。此时应立刻停止增加拔伸力，以免筋络肌肉被拔伸太过而增加损伤。听筋的响声：一般大筋、小筋损伤以后，在检查时都有响声。其声音或清脆，或低如捻发音。正骨科闻诊还包括听呻吟声及啼哭声，以辨别受伤之轻重。

正骨科辨证时，除了应询问诊断学中的十问，以及一般情况和既往病史外，还须重点询问以下几个方面：问受伤的体位；问受伤的过程与受伤的部位；问受伤的时间；问受伤后曾否晕厥，晕厥的时间，以及醒后有无再晕厥等；问其疼痛的程度是麻木、酸痛还是剧痛；问受伤后肢体的功能；问是否经过治疗等。在问诊中以受伤时的体位最重要，因为受伤时体位不同，造成的伤情和受伤的部位也完全不同。

正骨科的切诊包括脉诊和摸诊两个方面。

切脉主要是掌握内部气血、虚实、寒热等变化；摸诊主要是鉴别外伤轻重深浅的不同。其中又以摸诊更为重要。摸诊是伤科诊断方法中重要环节之一。医者通过双手对损伤局部的认真触摸，可了解损伤的性质，是否骨折、脱臼。从摸得的形态、移位等可以判断骨折的性质。在脱臼的诊断上摸出凹陷、凸出，可以判别脱出的方向。摸压痛：根据压痛的部位、范围、程度来鉴别是伤骨还是伤筋。有尖锐压痛处，表示有骨折；压痛面积较大、程度相仿，提示是伤筋。骨折的压痛部位是沿着环形骨折线方向的，故为环形压痛，疼痛的性质多为针刺样，尤其在伤肢活动或患处被触碰时疼痛更为明显，不动时局部多为胀痛。骨折斜断时，压痛范围较横断为大。摸骨折线：骨折线的形状和走向根据骨折情况的不同而各异，或横折，或斜折，或螺旋折，或碎折；骨折后的肿胀仅限局部，但在 12 小时后，肿胀会延至腕关节及小臂下端。摸畸形：由摸患部变形高凸或凹陷，可以判断骨折和脱臼的性质、位置、移位方向，以及呈现重叠、成角或旋转畸形等情况。如横形折断而有移位时，凹凸明显；如凸出不在同一水平线上，多为斜形骨折。摸灼热：从局部的冷热程度可以辨识是热证还是寒证。热肿一般表示新伤或局部瘀热；冷肿表示寒性病或气血受阻。摸异常活动：在摸肢体之长骨骨干时，平时不能活动的部位发现有异常活动，表示骨折。

通过中医望、闻、问、切四诊，再加之先进的X光技术，正骨医生就可以准确判断病人的病情，进而实施有效治疗。

宫廷正骨的特点是：重手法，辅药物。手法在治疗骨伤疾患中起着重要作用。骨科的疾患主要是骨体断折移位及骨关节的脱位、错缝，筋腱的走翻、移离，病的主症在于移位，其治疗就是通过手法使骨折的移位对合如初，使关节脱位、错缝回归对正，使筋腱走翻移离平复如旧。吴定寰认为，这一类手法在纠正人体解剖位置失常上不仅对骨折脱位具有重要意义，对日常多见的伤筋、关节错缝同样也是必不可少的。凡搬、抖、端、提、推、拿、旋、按诸法，多有复筋、正骨的作用。

吴定寰认为，手法在正骨科中占着重要的地位，是正骨科的独特治疗方法。药物仅起着辅助作用，所以要学正骨科首先要钻研手法。如果手法不精深，用什么特效药也不会收到好的疗效。一个正骨科医生对患者真正负责任，就必须领会手法真谛，做到手法精深简练。

伤科之症尤以伤筋、错缝为多，它会引起经络不通、游走串痛、麻痹不仁、筋挛、筋强诸症，手法在通经络、舒筋解痉方面功效显著。经络不通引起的诸症可以用手法解除其瘀闭，同时也可以运用手法舒筋解痉。对于筋腱挛、强、硬而不为、伸屈不利者，以手法技巧及深厚的功力治疗，效果显著。在多年的临床中，吴定寰对骨科八法即摸、接、端、提、推、拿、按、摩有着深刻认识，对每法都进行了认真的研究、论证和总结，并加以改进发扬。例如：提法原来主要用于治疗腰部疾患，颈椎病的治疗则多采用侧搬、施转及端法。吴定寰将提法经过临床验证后应用于治疗颈椎病，收效甚佳。

骨伤科疾病大多可用手法治疗，但手法的轻重要因人而异。尤其要注意的是有些病证不宜手法治疗，在临床中一定要诊断清楚，不能盲目用之。临床中，正骨科所用的每种手法都是根据不同疾病而设置的。既有一法单施，也有诸法合施，每个手法都有其目的性。虽然，因疾病的不同或患者身体状况的不同，同一手法在实施过程中在方式和力的应用上会有相应变化，但总体上每个手法的基本要求是不会变的。如提法中的背提法，对患者的体位、术者的体位、支撑点的准确，以及术者与患者两手衔接的方法、发力时机等都有严格的要求，因为一旦位置不对，发力时机错过，不但达不到手法治疗的目的，还会造成患者的再损伤，甚至造成术者的损伤。

在近60年的骨伤科行医过程中，吴定寰逐渐发现，软组织损伤在骨科疾患中占绝大部分。此病常缠绵不愈，旷日持久，轻者疼痛不适，烦心终日，重者遗留残疾，终身疼痛不止。虽有的损伤来去较速，可一旦处理不当，即成终身之憾。软组织损伤多因其关节软组织肌腱受损或关节轻度移位所致。此种疾病采用药物或物理疗法是达不到满意效果的。软组织损伤后可造成局部的气血瘀滞，经络不通，引起疼痛肿胀、肌腱挛紧、僵硬，虽其他疗法可医，但以手法治疗更快捷直接。关节筋腱的粘连，除手术之外，手法是最明显奏效的方法。对此吴定寰也指出，手法并非万能，有其严格的适应证及禁忌证，在临症之际必须明确诊断。

在软组织损伤治疗方面，吴定寰强调手法要做到准、巧和果断。

“准”就是认证要准，不要有丝毫的大意。如肘关节的软组织损伤，由于暴力所致的关节肿胀、功能部分受限、疼痛剧烈，X线片可确定有无明显骨折，但对轻微撕裂及软组织损伤、关节的轻微错位则常无明显的区分，要靠临床检查来确定。

“准”在治疗上也是必须遵循的原则，就是根据不同的病情，不同的关节、筋腱的损伤、移位来准确地选择治疗手法。如髋关节掰伤，腿长者向内盘，腿短者向外盘。腰椎关节损伤，后伸受限者用提法，前屈受限者用搭法。择法不对，不但起不到治疗效果，反而会加重病情，造成不良后果。

“巧”就是手法的技巧，巧与自身的功力相结合才能运用自如。在手法的治疗中，要考虑使患者的患肢、患处处于哪个角度、哪个位置最有利于施术。如颈椎的提法施术，要求前倾、侧倾，据其病情要分析有哪些正确角度。而只做前倾，没做侧倾，就无法使力达到以悬椎为支撑点的目的。力点不对，再用力椎体也不会移动，达不到调节关节的作用。而腰椎的侧位斜搬，所摆的旋转度不合适，力点不准确，常常是费力而达不到目的。在力的应用上要使巧劲，用得好可事半功倍。这个巧是靠用力的角度、用力的时机来体现的。

“果断”指措施手法要果断，一招一势干净利索，手法不要黏滞。在明确诊断后，择准手法，就要果断进行手法治疗，不可犹豫。尤其在施术中更不要因为患者哭喊和家属的恐惧，影响手法的进程。同时也不要因情绪而影响力度与规范，要严格按程序进行。力的应用也应果断，但果断必以准确诊断为依据。

对于筋腱的损伤，治疗手法以轻重适宜、刚柔得体、功力深厚为原则。同时吴定寰认为，功力应用是治疗软组织损伤的重要因素。对于关节错缝的治疗，手法多要求快捷巧妙，对不易移动的关节还要有瞬间的暴发力。

有一名中学生，在上体育课翻跟头的时候头部不慎着地，当时即感颈部疼痛。两天后，疼痛加重，颈部部分功能受限，遂前往某医院诊治。经拍X线片确诊为颈寰枢椎半脱位。医生建议观察两周后再复查。患者两周后复查，症状仍不减。医生建议手术治疗。患者拒绝手术，曾到其他医院诊治，均无效果。最后，找到吴定寰。吴定寰检查后发现，患者颈部功能受限，低头或右旋转颈部疼痛，双上肢自感无力，时有头晕等。X线片显示：开口位，可见寰枢椎两侧间隙不等宽，向右侧移位。吴定寰采用以理、揉、推法为主加骨科熥药热敷的手法进行治疗，先用揉法及理筋法松弛两侧颈肌。在施手法中发现，患者右颈肌较左侧紧张，故手法重点以右侧为主。第一步先使两侧的颈肌恢复原来的状态，使寰枢椎外围的肌腱达到正常，再进行第二步复位手法，采用揉理筋法，每辅以骨科熥药热敷局部，做两个疗程。约1个月，检查颈部两侧基本对称，右侧肌紧张缓解，即采用第二步复位手法。吴定寰主要采用的是推法。用拇指按在寰枢椎右侧，在揉按的基础上由右向左推挤，手法由轻到重，每次20～30次。共治疗3个月，病人颈部已无疼痛，头晕及双上肢无力消失，活动自如。复查X线片，可见寰枢椎两侧间隙基本等宽（开口位）。继续采用揉理手法及轻推法治疗巩固疗效，1个月后患者拍片复查，寰枢椎已至解剖复位，症状消失。

吴定寰认为，力的应用也存在技巧问题，如新伤用力要轻，动作要缓，旧伤要逐步加力，对久用手法者用力要重。轻要轻到什么程度，需根据病情而定。手法轻，是指使患者感到按摩部位微有沉重感。重手法也要因病程、病情和患者体质而定，以能忍受为度。正所谓使患者不知其苦，方称为手法也。如在痛点点按时，术者要徐徐用力，在患者忍受不住时，要及时放松。尤其是功力较强的医生，在运用重手法时，患者会感到酸重大于疼痛，甚至可以感到力可透于肢体深部，这就是重而不滞的感觉。骨折的整复充分体现了力与技巧的结合。骨折整复需要较大的力，有时甚至需要暴发力，但在发力的同时需讲求技巧，必须采取简捷、快速的手法，瞬间完成，当患者感到疼痛不可忍时，错位已归复。

骨科大夫自身的功力有强有弱，但同样要掌握好功力的运用。力的运用有刚有柔，而多数是刚柔相济。在发力的瞬间使全身肢体肌肉的力量均能协同一致地支持这一力的发展，在这一瞬间术者要精神高度集中，意念归一。例如，颈椎病在采用提法时，术者发力时要两脚叉开成半马式，膝与腰微屈曲，两手托住患者的头部，托起抱紧，轻轻晃动，找准位置与角度，在确感患者颈部放松时，术者要把精力高度集中于整个身躯的突然上提，瞬间发力上提，将患者提离座位。此力突然暴发，瞬间停止，既可快速调整颈部关节的紊乱，又不使患者感觉痛苦。

在手法操作中，重点要注意医患双方在施术时的体态，以及操作时对患者某些体态的角度要求。术者除熟练掌握技巧外，也要对所用手法、动作的具体目的及被操作部位的解剖概况了如指掌，只有这样，手法的熟练与准确才有意义。熟练就是对有关手法应掌握要领，并能熟练操作。在施术中要柔顺而不僵滞，做到这一点的关键在于肘、腕的灵活，手指点按时紧而不僵，这就要求在日常多练，久之则熟。

1976 年初冬的一天，吴定寰和弟子们在接诊病人，由于患者很多，已经过了中午下班时间他们仍无暇吃饭。就在这时候，一个 50 多岁的建筑工人急匆匆地步入诊室，请求吴定寰出诊，说他的同事在挖防空洞时，因吊篮失控而摔伤了腰和脚，来不了医院，现正躺在床上，疼得直喊。这时已过了中午12点，身旁的弟子周俊杰正踌躇着师傅怎样决定，是看完上午就医的病人去出诊，还是吃过午饭后再去出诊。而这时吴定寰脱下白大褂，整理着他的灰色旧外套和那顶出门不离身的鸭舌帽，说了句：“病人在哪？现在就去。”随即他嘱咐周俊杰带好创伤急救用的药品和器械。医院门口早已停好了一辆旧吉普车，他们上了车匆匆赶到了建筑工地。吴定寰对病人进行了细致入微的查体，发现病人第一腰椎二度压缩性骨折，跟骨粉碎性骨折，于是立即对患者进行了手法治疗。先是对病人进行腰部人工牵引和振颤按压等治疗，很快解除了患者最主要的腰部疼痛症状，患者不再叫喊了。随后吴定寰又对跟骨粉碎性骨折，做了局部手法的挤压和万应膏外固定。整个动作有条不紊，干净利落。在外行看来不过是几下按揉推拉，却使病人的伤情有了明显好转。临别时患者挽着吴定寰的手臂千恩万谢，他的妻子激动得流下了眼泪，夸赞吴定寰医术高超，疗效立竿见影，救了他们一家人。如果不是吴定寰身怀绝技，患者未来生活难以想象。此时，吴定寰平静地微笑着，一项一项地叮嘱病人定期去医院复查，避免行走负重，直到患者完全明了，他才放心地离开。

徒弟徐斌回忆说："有一次，我收治了一名腰椎间盘突出症患者，经过三周治疗，患者的大部分症状已消失，仅右髋后外侧疼痛症状未见消失，我便求教于师傅。师傅在了解了病情之后，微微一笑，指示我用手法加点八髎穴，手法宜由浅入深，指力宜透，点按为主，勿揉勿推。我按师傅指示而行事，结果治疗三次后患者的右髋后外侧疼痛症状全部消失了。我由此真切地感受到了师傅浓缩了几十年经验的精华之所在。宫廷正骨治疗的原则是‘知详备细，心慈术狠’，看上去这只是简单的八个字，但其中所蕴含的内容深不可测。”

有时，吴定寰为了纠正徒弟的一个手法要点，不厌其烦手把手地教，每一次都让徒弟们感动不已。吴定寰始终把患者的利益放在首位，他常常告诫弟子要牢记“医乃仁术”，要把“敬业乐群、为人谦恭、淡泊宁静”当做人生格言来持守。

完善药方　改进器具

正骨除施用手法外，亦用药物辅助。药物分服药、敷药和熥药等。药物的作用大多为镇痛止痛、消除肿胀、养筋舒血、破瘀通络和接合骨骼。吴定寰在骨伤外用药方面十分注重临床效果，对于宫廷秘方骨科熥药和跌打万应膏这两种外用药进行了不断改进，使其疗效更加明显。

骨科熥药是指通过熏熥来逼邪于外或开泄发散的一种治疗方药。药物以活血化瘀、通经络、补肝肾为主，具有活血舒筋、松弛肌肉的作用，可加速局部血液循环，促进新陈代谢，加快骨折愈合和经络疏通，从而达到治疗的目的。

吴定寰认为，熏熥药应根据病情选择药物配方，且需视疾病部位、病程长短而加减，这样才能取得满意效果。如跌打损伤瘀血严重者早期以活血化瘀、消肿止痛的药物为主；骨折中后期及软组织损伤中后期则以疏通经络、接骨续筋的药物为主；对风寒湿邪造成的痹证出现软组织局部疼痛者，重用祛风湿、温通经络的药物；损伤后期、关节强直活动不利者，应以舒筋活血、通经络的药物为主，并按部位的不同，选择相应的引经药物，使其能药达病所。吴定寰强调，临床中用药不当，不但无疗效，还可能会适得其反，造成不良后果。

吴定寰将骨科熥药的秘方毫无保留地献给了国家，用药的方法是将方中诸药均破碎成粗末，装袋备用。首先缝制两个布口袋，长一尺，宽五寸，将药物用一两大青盐、二两烧酒搅拌均匀，装入袋内，然后将药袋放入蒸锅内，蒸热后（约10分钟）待温度适宜放在患处。两个药袋交替使用，治疗时间半小时至一小时为宜。

吴定寰通过宫廷正骨独到的手法和宫廷秘方骨科熥药的热敷，治愈了无数软组织损伤患者，为软组织损伤的治疗提供了一种有效方法，为医学难题的解决作出了贡献。他总结骨科熥药的用药规律为：骨折须整复后在中后期使用为宜；软组织损伤瘀血严重者急性期慎用；临床中须辨证施治方能收到满意的效果。

某患者因搬重物而致腰疼，并牵引右下肢窜痛麻木，经检查及拍片诊断为腰四五椎间盘突出。由于行动不便不能前往门诊治疗，吴定寰即开骨科熥药3剂，嘱其在家热敷。病人经过两周的熥药治疗，症状消失，腰功能恢复正常。此类病例不胜枚举。

经过吴定寰及诸多骨伤科医生的多次研究和反复实践，证明骨科熥药的治疗效果是显著的。对于骨折、脱臼、筋肿、肌肉发炎等造成的软组织损伤、肌肉痉挛或循环障碍，如不及时治疗，就会造成机能障碍，骨骼畸形。采用手法与熥药兼施并用，在短期内就能收到调整机能、恢复循环和扫清障碍的效果。

跌打万应膏也是由宫廷传下来的一种专门治疗跌打损伤、骨折整复后的外用药膏。经过御医夏锡伍及其亲传弟子吴定寰的不断改进，其效果更加显著。跌打万应膏的主要功能为活血化瘀，促进骨折愈合。该药分膏剂和散剂两种剂型，膏剂主要用于软组织损伤，散剂主要用于骨折。跌打万应膏的用法是将药膏及散剂（用酒或水调成糊状）敷于患处，外用纱布缠绕，一般隔日换药一次。

一名患者不慎将右脚扭伤，外踝部疼痛不已，无法行走，且夜间疼痛逐渐加重，影响睡眠。就诊时右脚外踝肿胀明显，内外翻功能受限，尤以内翻时疼痛加重，局部压痛明显，无纵压痛，X 线片显示未骨折。吴定寰诊断为右足外踝韧带部分损伤，采用外敷跌打万应膏予以治疗。两天后复诊换药，患者疼痛减轻，可自行行走，右脚外踝肿胀减轻，敷药处皮肤颜色正常，四周呈青紫色，尤以下部为重。说明患处经过外敷万应膏瘀血已散。经过三次换药，局部肿胀消失，无明显压痛点，行走基本正常。

宫廷正骨在骨折的固定方法和使用的固定器械方面颇具特色。吴定寰灵活运用清代宫廷正骨的传统元书纸固定方法（元书纸：古称赤亭纸，是采用当年生的嫩毛竹作原料，手工制造而成的毛笔书写用纸），既保留了传统的固定方法优点，又根据现代医学理论，从力学角度上进行了改进，使之更适合临床应用。

元书纸排子是用数张元书纸，根据骨折的部位、类型及伤处肌肉的张力、牵拉力的大小，反复折叠数十层成长方形或长条形，剪圆四角，周边剪成犬牙状。在骨折整复后，先用酒调跌打万应散均匀敷于患处，用绷带缠裹一至两层，随后置放加压垫或分骨垫（也用元书纸同法制作成方圆形或长圆形），再沿肢体长轴，放大排子两个，其长度不超过关节，宽度以收紧后两个纸排子间留 1～2cm 宽的空隙为度，再用绷带缠绕一至两层固定大排子，然后根据肢体粗细和骨折部位，在大排子外面置放小纸排子4～6 个，其长度与大纸排子相同，其厚度较大纸排子略厚。每个小纸排子的宽度以收紧后每个小纸排子之间留有 1cm 左右的空隙为好，最后以寸带捆扎 3～4 道，将小纸排子固定。

伤后早期每 3 天复查一次，复查时解除固定，检查复位与固定情况。如效果满意，以骨科熥药热敷 30～40 分钟，再如上法固定，并告知患者逐渐进行功能锻炼。肿胀消退、骨擦音变小后每 5 天左右复查一次，可酌情去除加压垫、分骨垫，如无变位，再诊时酌情减少或去除小纸排子，开始以揉摩等法舒筋活血，加强功能锻炼。骨折征象已除，骨质已坚，去除大纸排子，增加按摩手法及其力度，增大活动程度，嘱患者自行用骨科熥药热敷。

与西医治疗骨折采用石膏绷带固定相比，“元书纸排子固定”优势明显。石膏虽对骨折的愈合具有作用，但长时间使用，会造成伤肢机能减退，甚至产生肌肉萎缩，关节僵硬等后遗症。而“元书纸排子固定”则不存在这样的问题，不仅没有后遗症，而且能够使气血通畅，患处瘀血容易消散。同时，这种方法还便于医生检查，针对病情及时采取措施。

尤其是改进后的元书纸排子固定法，优势更加明显，纸排子质轻且柔，有一定弹性、韧性，与人体表面情况较为接近，很少发生压伤；纸排子对肌肉有益的收缩活动影响较少，便于把造成骨折再移位的消极因素转化为维持固定、矫正残余畸形的积极因素；大小纸排子分两层使用，既能保持固定的强度，又因小纸排子所留的空隙较多，故而对肢体血循环影响较小；

纸排子的轻柔和弹性，可随骨折后肢体粗细的变化而自动塑型，用吴定寰的话来说，就是可以随骨随形；可根据骨折愈合的情况，随时增减纸排子的层数和应用纸排子的数目，即可“随松随紧”，具有较大的灵活性。

宫廷医术　起废去疾

吴定寰在治疗慢性颈椎病方面，运用了宫廷正骨治疗原则和治疗手法。颈椎病的根源是颈椎间盘退行性病变后，颈椎位于头颅与胸廓之间，椎体间松动，椎体缘产生骨赘，或椎间盘破裂脱出，或椎间孔狭窄等压迫神经根、脊髓或椎动脉而引起的各种症状。当椎间盘有退变后，纤维环受到不正当压力，刺激分布在纤维环上的窦椎神经，反射到神经根后支，可引起颈肩痛、项肌痉挛等症状。颈椎病的症状复杂多样，多数患者开始症状较轻，以后逐渐加重。也有部分症状较重者。它的主要症状是头、颈、肩、背、手臂酸痛，脖子僵硬，活动受限。

严重者甚至伴有恶心呕吐、卧床不起，少数可有眩晕、猝倒。如果久治不愈，还会引起心理伤害，产生失眠、烦躁、发怒、焦虑、忧郁等症状。

吴定寰在长期临床实践中，曾治愈多名颈椎病患者，对颈椎病的治疗方法也有更深的研究和思考。吴定寰提出了颈椎病的治疗原则，即神经根型以端、提、点、压为主；椎动脉型以点、按、揉为主；颈型以按、揉、压为主；脊髓型以点、压为主。吴定寰认为，颈椎病的治疗方法应为端提法和点按揉压法。端提法的具体操作是（以右侧为例）：患者坐于凳上，医生以右手肘部扶托患者下颌，左手扶在颈后，固定患者头部，嘱患者放松，医生屈膝、收腹、含胸，两手缓缓持续用力向上提起患者，至患者臀部略离开凳面之际，迅速伸膝挺腰发力，向上端起头部，这时可以听到关节弹响。端后轻轻放下，操作一次。

吴定寰提醒医生，在用此方法治疗颈椎病时应注意：颈椎曲度直时，头后仰20度端提；颈椎曲度反向时，头前屈20度端提；颈椎曲度正常时，头垂直向上牵引端提。

当凸出的颈椎间盘或骨嵴与神经或脊髓相互摩擦，造成局部出血和肿胀，可使颈椎病症状出现或加重。而当凸出物与椎动脉摩擦时则会出现血管痉挛或脑缺血症状，如头晕、视物昏花等。端提法可通过牵引降低椎体间内压，调节颈椎小关节位置结构，缓解凸出物对神经根及椎动脉的刺激，从而缓解症状。

吴定寰特别强调，当神经根受到刺激后，神经末梢可产生异常电冲动，从而导致颈肩肌紧张痉挛。其反过来又刺激神经末梢和椎动脉，进而加重症状。点按揉压法可以使肌肉得到松弛，减轻其对神经末梢和椎动脉的刺激作用。点按揉压法的具体操作是：点揉颈部两侧肌肉2～3遍，揉肩部冈上肌、冈下肌、菱形肌，用力要求深沉、柔和、渗透。头晕、头痛者可点风池穴外一横指处经验穴。此穴是枕大神经和椎动脉入颅前横行段，点此穴可感一侧头部酸胀，眼睛清亮。手麻木者可点肩部 3 处：肩胛骨下缘上方 1 寸处、天宁穴内上方 1 寸处、肩贞穴内 1 寸处。双下肢无力、麻木痿软为脊髓受压的症状，不适合用端提法。吴定寰提出，治疗颈椎病不能用旋转方法，因为该法有造成脊髓损伤的可能性。

吴定寰还摸索出了一套治疗老年性膝关节病的方法。针对老年退行性膝关节病，吴定寰认为，虽然其症在腿，但其根在肾，其经在肝。人到老年肝肾不足，筋骨失于濡养，或先天不足，关节结构不良，或多次关节损伤，膝关节磨损，加之老年人修复能力减弱，故而出现增生、疼痛，甚至肿胀、积液、功能受限等。吴定寰把老年性膝关节骨关节病的治疗归纳为手法、药物、练功三步。三者之间相辅相成，缺一不可，但临床则各有侧重。吴定寰认为，对于老年性骨关节病推拿手法要以局部为主，两端为辅，关节周围以经筋辨证为主，关节上下以经络辨证为先。手法宜运用吴氏四法，即以点、按、揉、压为主，拔伸、旋转为辅。同时强调，在治疗过程中，手法应与功力配合。他将老年性膝关节病分为六个施术点，即膑上缘正中、膑下脂肪垫、胫骨结节、内侧副韧带、外侧副韧带和膝腘正中。

施术要领是柔中有刚，其力深透，推筋着骨，使病人在感到酸胀的同时有舒适感，达到分解粘连、消除炎症、活血通络、止痛消肿的作用。肌肉痉挛以提拿为主，筋腱粘连以弹拨为主，滑膜肥厚以切刮手法为主，以改善滑膜血运，促进滑膜修复。两侧副韧带常常因为关节退化造成代偿性损伤而发生痉挛，对此要充分弹拨后按压理顺。膑下脂肪垫常因炎性刺激而肥厚，压痛明显，故手法以按揉为主，并反复做几分钟。膑上缘为股四头肌腱部，应以点揉为主，以解除痉挛。膝腘部为关节囊后部，附着肌肉韧带多，且有胫后动脉、静脉、神经通过。由于膝关节积液或疼痛造成腘肌痉挛，压力增大而压迫动静脉及神经的病人会感觉腘部胀痛，对此应先以轻手法按揉腘部肌肉，配合点法解痉止痛，活血通络，然后再做膝关节伸屈旋转以舒筋活络。

吴定寰在治疗老年性膝关节病时，还同时结合骨科熥药辅助治疗。采用中药热敷，将药袋放于患处行热敷治疗。骨科熥药在配料上以活血化瘀、通经络、补肝肾的中药为主，具有促进局部血液循环、加快新陈代谢、疏通经络、促进炎性分泌物吸收的作用。用之可以祛病邪于外，开泄发散，从而治愈疾病。

治疗膝关节病，除手法和用药之外，吴定寰还强调，患肢的适当制动和有选择的功能锻炼十分重要，它对于改善关节周围血运、增加关节稳定性、恢复关节功能意义重大。他主张动静结合，病人的主观能动性与医生的治疗相结合。所谓适当制动，一般是减少患肢负重行走，减轻关节面的压力，以利于炎症消散，而不是绝对单纯地制动。

锻炼分练习关节功能和锻炼膝关节周围肌肉两种。具体练法是：患者取仰卧位，做膝关节的伸屈练习，最大限度地伸屈牵拉膝关节，以改善关节功能。其次是做股四头肌的收缩练习。患者取坐位，膝关节伸直，收缩股四头肌200～300次，每日2次。该练习有增强关节稳定性、促进关节积液吸收、增强股四头肌肌力的作用。持之以恒，方能获效。

吴定寰治疗膝关节病，以其精湛的手法、适当的药物，配合制动和恰当的功能锻炼，临床收到了显著的效果。手法、药物、练功三者之间是相互联系的，但是医生在治病过程中是有所侧重的。比如急性期以手法、药物为主，恢复期以功能锻炼为主，但绝不是只用一种，在治疗过程中，吴定寰强调要综合运用。手法的运用对疗效影响最大，如手法失当，会造成积液增加，疼痛加剧，在治疗中应当尤其注意。

吴定寰的师弟郭宪和说："在疑难病症的治疗中充分体现了他的技艺与爱心，常常是别人处置多日未效者，经他手多能很快平和而愈。这是师兄多年来技艺与功力的积累。"

“申遗”获批　任重道远

时代在发展，宫廷正骨技艺却并没有因为宫廷的“终结”而失传，而是在夏锡伍、吴定寰等人的努力下，使其得以不断创新和发展，逐渐形成了宫廷正骨手法流派。北京中医药大学附属护国寺中医医院骨科已成为北京市重点专科，同时也是北京市中医骨伤特色治疗中心。

吴定寰为了使中医药走向世界，先后与美国弗吉尼亚州整体按摩学会、日本手技协会、中国台湾风山正骨学派等医学学术团体进行学术交流与合作。法国某医院多次邀请他前去讲学。为了使徒弟广见博闻，他多次把徒弟送到国外进修学习，实地临床实践。在吴定寰的推荐下，徒弟周俊杰先后多次在法国某医院为患者治病，把中国的宫廷正骨技艺带到了法国，得到了当地患者的赞扬。

2008 年 6 月 14 日，国务院公布了第一批国家级非物质文化遗产扩展项目名录，北京市护国寺中医医院的“宫廷正骨”正式入选。已经 80 岁的宫廷正骨术传承人吴定寰为这一天整整奋斗了 60 年，他毕生的愿望终于得以实现。

国家非物质文化遗产名录的确定，是推动历史文明进入现代文明的重大举措。中医药“申遗”有利于中医药得到世界范围的认可，更好地促进中医药的广泛传播和长远发展。让国内民众充分认识中医药的发展历程，更有助于增进世界各国对中医药的了解。中医药产生于中国传统文化的大背景之下，是中华文化的重要组成部分。将中医药作为非物质文化遗产来保护，体现了以保护促发展、通过继承求创新的新理念和新思路。

在医院筹备“申遗”工作伊始，吴定寰便投入到浩如烟海的古籍资料整理工作之中。他查阅资料，整理文献，精心准备“申遗”材料。无论严寒还是酷暑，他奔走于相关部门积极沟通协调，把“申遗”材料准备得详备完整。徒弟们一次次地劝他，不要太累，注意身体。他总是说：“时间不等人啊，如今国家这么重视中医，我在有生之年要抓紧时间工作，少留遗憾。”在“申遗”工作中，吴定寰的主要助手之一是他的长孙吴冰。吴冰自幼耳濡目染，对宫廷正骨的学术思想和诊疗手法有浓厚的兴趣。完成系统的中医专业学习后，1997年起他便跟随爷爷出诊。在爷爷手把手的指点下，吴冰学习了上驷院绰班处宫廷正骨的诊疗手法，并从事骨科临床10余年。在“申遗”过程中，他是爷爷的得力助手。吴定寰的正式弟子有4人，其中国家级师带徒弟子1名，是护国寺中医医院骨科主任医师刘刚；市级师带徒弟子1名，为护国寺中医医院骨科副主任医师周俊杰；院级师带徒弟子2名，是护国寺中医医院骨科主治医师张秋石和徐斌。带徒期间，吴定寰不顾年事已高，亲自为学生讲解、示范宫廷正骨的技艺，演示骨科熥药的具体做法和使用方法。同时完成了《夏锡伍治疗骨折特点》、《关节内骨折的治疗》、《中医按摩》（法文版）等著作。他还指导完成学术论文《清代上驷院绰班处正骨手法传人夏锡伍脉系源流的文献研究》，参与录像片《夏氏宫廷正骨手法荟萃》的制作，以上两项成果分别获得1992年、1993年北京市中医管理局科技成果一等奖。

在宫廷正骨技艺被列入《国家非物质文化遗产保护名录》后，以吴定寰为学术带头人的护国寺中医医院正骨科出台了“宫廷正骨五年保护计划”，其目的只有一个，就是为了更好地保护清代上驷院绰班处宫廷正骨技艺，使其在传承的同时得以发扬光大。

“宫廷正骨五年保护计划”的第一年为临床总结阶段，主要是整理现有的文献资料和既往的研究成果，并将它们严格分类，为进一步研究提供更加详尽的临床一手资料；建成比较系统的宫廷正骨资料库，为进一步的深入研究奠定基础。第二年和第三年为临床研发和改进阶段。在准备阶段的基础上，对宫廷正骨学术体系的不同方面进行改良和发展，系统还原宫廷正骨学术体系的起源、发展、壮大及进一步发展的历史源流，力求形成完备的宫廷正骨学术渊源体系、学术思想发展历程，为系统研究提供历史佐证。同时充分结合中医理论，为宫廷正骨手法寻找中西医的理论基础和理论支持。对宫廷秘方，如跌打万应膏、骨科熥药等药物，基于现有的临床资料及临床疗效，在不影响疗效的基础上，与相关药剂科室合作，进行适当的剂型改革，使之更加方便用于临床，充分发挥中医药在治疗骨科常见病种方面的优势。第四年和第五年为呈现成果阶段，要在上述工作的基础上，总结出宫廷正骨学术思想的阶段性成果。

忠厚传家　英华永驻

吴定寰年轻时喜欢射击运动，早在 20 世纪 60 年代，就获得了国家三级射击裁判资格。步入老年，吴定寰强调养生要讲“动静结合”，钓鱼、打太极拳成为他的业余爱好。吴定寰每周末都要到北京郊区去钓鱼，无论是夏日骄阳似火，还是冬天刮风下雪，从不间断。有时甚至骑上两三个小时的自行车从城里到远郊区的怀柔水库去钓鱼，往返 100 多公里，竟乐不知疲。他认为，钓鱼不仅可以呼吸水塘边新鲜的空气，而且还可以在垂钓的安静中修心养性。对于太极拳，吴定寰则深谙“内练一口气，外练筋骨皮”之精髓。人们评论吴定寰，说他即使不行医，不在中医正骨方面成名成家，从事其他什么事业也都会取得成就。他曾参加全国钓鱼协会组织的第一届业余钓鱼大赛，并夺得冠军。

吴定寰与妻子相依相伴60多年，从未拌过嘴，红过脸。他们夫妇相濡以沫，相敬如宾。晚年，老伴儿身体不好，行走不便，眼睛也看不清东西。因受多种病痛折磨，老伴儿有时心情焦虑，脾气暴躁，但吴定寰依然一如既往，跟老伴儿讲几句玩笑话，用细致入微的体贴和关心，让老伴儿转怒为喜。他总是把老伴儿想吃的东西悄悄地买回来，为她准备好；平日老伴儿起居、打针、吃药都是他亲手操持。老伴儿病重住院期间，几次病危，孩子们都瞒着他，怕他受不了。当儿子吴德华不得不把母亲的病情如实地告诉父亲之后，吴定寰再也忍不住，失声痛哭起来。父亲的眼泪和伤痛，孩子们是第一次见到。80岁高龄的吴定寰就像个孩子一样，执意要去医院。在病房，垂危的老伴儿已昏迷不醒，但吴定寰仍然紧握她的双手，在她耳边不停地喃喃细语，那是他们最后的诀别。吴定寰走出病房，对孩子们说：“去跟大夫说一下，不要再抢救了，让你妈安安静静地走吧……”老伴儿去世那天，孩子们担心他的身体，不想让他在医院操劳，便小心翼翼地征求他的意见。没想到，他早有准备，爽快地对孩子们说：“你们替我送送你妈吧。”说完这句话，他哽咽了，但又坚定地说：“我……要去出诊。”话音未落，他的泪水夺眶而出。

2008年5月19日，老伴儿离开人世，吴定寰抑制住内心的悲痛，按时上班。当他的身影出现在医院诊室的时候，徒弟们都十分担心他经受不了这样的精神打击，但出乎人们的意料，他依旧如常地在门诊应诊，神情依然平静，以其精湛的技艺诊治着每一位慕名而来的患者。所有的患者都不会想到眼前这位笑容可掬、白发苍苍的八旬老者，正在承受着巨大的丧妻之痛。有些约好复诊的患者得知吴定寰老伴儿去世的消息后，以为处于悲伤之中的吴老不会出诊了，结果却接到吴老助手打的电话："你们来吧。给你们看病，爷爷的心情会好些。"

老伴儿火化当日，在孩子们送老伴儿去墓地之时，吴定寰颤微微地从怀中掏出一封信，让孩子放在老伴儿身边。孩子们谁也没有打开那封信，因为他们明白，那是父亲对母亲的叮嘱和忠告，以及对爱妻的无尽思念。

老伴儿下葬之后，吴定寰等孩子们回来后平静地对儿子说："走，跟我去趟居委会。咱们给四川地震灾区的百姓捐些钱吧，灾区的人民在受难啊！"到了居委会，他放下一沓钱，便转身离开，没有留下姓名。

老伴儿去世那天，吴定寰依然如故地去上班，为患者疗伤治病。

老伴儿下葬那天，吴定寰平静地去居委会

为灾区捐款。

点滴的细节诠释出这位老者的大爱情怀，这是吴定寰献给国家和人民的拳拳之心。

术体天心　杏林望重

很多记者采访吴定寰时，首先要看一看他那双治愈无数伤损患者的手。一位记者这样描述：“这双手看起来很普通，手指略略短一些，掌纹清晰而深，摸上去，还挺软的。老人家翻过手，捏住我的手，顿觉麻酥酥的，敢问您老用了几成功力，他笑笑说：‘两成’。”

吴定寰的诊室里经常有医生的观摩和记者的采访，当有人谈论起在什么医院治疗效果不好的时候，他总是对大家说：“别说人家医院的名字。如果记者一定要写，只写‘某医院’即可，别提院名。”

吴定寰白天在医院工作，晚上回到家里仍

然为患者服务。经常有人慕名上门求医，每遇如此，无论是陌生的还是熟识的，吴定寰都像对待自己亲人一样耐心细致地进行诊治，且从不收一分一文。

20世纪80年代后期，一位黑龙江患者的母亲慕名多次将电话打到吴定寰的家里，向他求教她儿子的病情以及治疗方法，每次电话都是在晚上打来，时间长达个把小时。在一旁的大儿子吴德华为爸爸的身体担心，劝爸爸放下电话，他却对儿子说："她是个母亲啊，心疼儿子啊！"经过长达半年多的电话"指导医治"，那位患者的病逐渐痊愈了，他的母亲非常感激，为了表示谢意，她每年春节都要给吴定寰寄来当地的土特产品。吴定寰对吴德华说："她儿子有病，家境不宽裕。"让儿子给她寄些北京的特产。

2008年，吴定寰已经80岁了。这一年，人们都在为"百年奥运"欢呼雀跃。可以说，奥运会在北京举办是所有中国人的梦想。这位80岁的老人也不例外。他企盼奥运，他希望能在鸟巢亲眼看比赛，他想为奥运做点什么。当他看到志愿者在炎炎烈日下为别人提供服务、汗流不止时，他被感动了。于是他报名参加了奥运会医务志愿服务。在他80岁的时候，他成为一名光荣的奥运志愿者。

奥运会前，奥运医务志愿者在北京市朝阳公园组织了一次大规模的义诊活动。夏季的北京烈日炎炎，暑气袭人。家人和医院的领导都很担心吴定寰的身体，可他依然坚持到义诊的最后一刻。吴定寰在义诊现场为北京市民和运动员解决骨伤问题，现场解决不了的，他就让助手将问题记下来，回去后再作答复。令人遗憾的是，这位80岁高龄的奥运志愿者却没有看到北京奥运会开幕便匆匆离去了。

2008年6月29日，吴定寰为配合电视台宫廷正骨“申遗”的拍摄工作，从早晨一直忙到中午。考虑到摄制组人员的辛苦，中午又热情邀请他们到饭店吃饭，并亲自陪同。席间吴定寰心脏病发作，被送进了医院。谁知这一去，竟再也没能回家。

在宫廷正骨被列入国家非物质文化遗产仅仅十几天后的7月3日，吴定寰因心脏病医治无效，在北京军区总医院逝世。

2008年7月5日，互联网上发布了吴定寰去世的消息。一时间，怀念吴定寰的留言接连出现在互联网上：

2008年7月3日，北京迎来了今年的第一个高温日，就是这一天，行医六十载，为无数伤病者施以医术、给予恩德的骨科名医吴定寰老爷爷走了。

医德和医术，这两者都需要悲天悯人的大情怀。可叹医术或可传，可仁心呢？这几天一想起吴定寰老爷爷，我就无法控制自己的泪水，这一切太突然了。德高望重的老人，悬壶济世！

不为良相，便为良医。一路走好！

吴定寰爷爷那双手的精准程度不亚于X光机。在一般医生眼里，患者的痛是再正常不过的事了，但在吴爷爷的心里是“我没有治好”。要知道老爷爷是全国首批认定的23位骨伤名家之一呀！

人的一生能看到几次医生对你笑，而爷爷对患者的笑六十年始终如一。爷爷行医60年，从不把功名利禄放在眼里，无论病人贫富都一视同仁。早年一些小孩子胳膊脱臼来找爷爷，即使正在吃饭，爷爷也会放下筷子先给他们治病。爷爷就是这样，永远都是把病人放在第一位。他一辈子默默无闻，与世无争。在我们心里，爷爷是世界上最伟大的爷爷，他教会了我们许多做人的道理。

俗话说“良药苦口”，但爷爷的医技不仅是良药，还不苦口。医治过程不痛苦，结果很圆满。幸运的是，在这个时代吴爷爷让百姓真正享受到过去只有皇亲国戚才能享受的宫廷高超奇妙的医技。

吴定寰爷爷不停地思考病人和病情，他把病人放在心上，从内心里散发的光芒，以人为本。那是大医精诚的慈悲情怀！老人家的那双手是表象，不可替代。它所含的神奇魔力是医术之大成。

应护国寺中医医院全体员工的请求，吴定寰的遗体告别仪式选在北大医院告别室举行。因为，北大医院告别室离护国寺中医医院很近，大家都想为吴老送行。

吴定寰的师弟周玉宗说："那天是北京最热的一天，他为工作忙碌，一直为'申遗'奔波劳累。如果到香山去休养，就什么事情也不会发生了。"

吴定寰的徒弟车士祥说："师傅虽然离我们而去，但他的精神、他的技艺已经被越来越多的后来人所继承。宫廷正骨必将发扬光大，吴定寰老先生的精神必将世代相传。”

在吴定寰遗体告别仪式上，有很多他们家人叫不出姓名的人，他们知道，那是老人曾诊治过的患者。有一位年近六旬的长者，在吴定寰的棺木前长跪不起，以表达其深深的哀悼。

宋英杰的夫人是吴定寰生前诊治的最后一位病情复杂的患者。她因下楼不慎摔倒，造成右臂肱骨断裂。她曾辗转于多家骨科医院，但效果甚微。就在近于绝望的时候，经朋友介绍，她找到了吴定寰。令她不解的是，以前医生每触碰她的伤处，她都会疼得大声喊叫，而吴定寰为她治疗，她却没有感到丝毫的疼痛。吴定寰不仅告诉了她以往治疗影响效果的症结所在，还提出了新的治疗方法，并约定了下次复诊的时间，同时叮嘱说：“下次来别挂专家号，挂个普通号就行了。”

第二次复诊，吴定寰手法治疗后，为她开了自制的热敷药，一盒 27 元。加上挂号费，共计 30 多元。这与以往几千元的医疗费相比，她的第一反应是吴定寰把药费搞错了。当得到确认后，她心里又犯嘀咕，这么点儿钱能治好病吗？然而几个疗程下来，病基本痊愈了，总共只花费了几百元钱。为了表达谢意，宋英杰和夫人特意包了红包送给吴定寰，但吴定寰坚决不收。当得知吴定寰病危住院后，宋英杰这个身高一米八的汉子竟然在吴定寰的病床前哭了。

宋英杰在纪念吴定寰的文章中写道："我所敬仰的老爷爷走了，这种敬仰并非仅仅源于他所给予我们个人的治疗，这种敬仰源于他以精湛的医术和伟大的医德，留给人世间的无疆大爱。"

吴定寰几十年如一日对患者体贴如己。他微笑着面对每一位患者，他一辈子不曾对任何人发过一次脾气，他太和蔼了，太能理解病人的苦衷了。在患者的记忆里，吴定寰总是衣着整洁，始终面带微笑，一副和蔼可亲的样子。

吴定寰的妹妹吴慧荣说："哥哥对患者的微笑是最有魅力的，也是最动人的。我曾问过哥哥：'为什么能对患者几十年如一日地微笑，和蔼可亲？'哥哥说：'患者见到医生的笑容，他们的心就踏实了，病也好了一半。'"

行医60年，吴定寰治愈的患者不计其数。每到逢年过节，吴定寰总会收到很多礼物，而这些礼物上大都没有寄赠者的姓名和联系方式。即使这样，大家也都知道是患者寄送来的。他们知道吴定寰的个性，如果让他知道是谁送的，他会坚决退回去的。在吴定寰的患者中也有一些位高权重的名人，他们也都为吴定寰留下了自己的电话或者名片，愿意在他遇到难处时帮上一把。可是吴定寰却从未拨通这些电话。为了私事他从来没有求过别人，即使是在他最艰难的时候。无论在吴定寰家里，还是在护国寺中医医院，随处都可以看到送给吴定寰的锦旗或牌匾。面对患者给他的荣誉，吴定寰十分淡然。他平时不善言辞，和家人也很少谈其事业上的成就。据儿子吴德华回忆："父亲曾经为很多名人医治过骨伤病，可父亲在家里却从来不说这些在别人看来值得炫耀的事。"他为梅兰芳等诸多名人看病的事，家人们还是从医院同事们的口中得知的。

在吴定寰夫妇的墓碑上，刻着"忠厚传家"四字碑铭，这是他们家风的真实写照。

2009年清明节，吴定寰的妹妹吴慧荣为哥哥写下了一篇祭文：

"长兄定寰，正骨专家，四代传承，杏林奇葩。毕生行医，医术绝佳，医德高尚，患者齐夸。一世追求，治病救人，国医圣手，誉满华夏。宫廷正骨，国宝一绝，源自深宫，海内独家。传徒授业，海外讲学，呕心沥血，弘扬光大。继承发展，承上启下，世遗获批，正骨升华。宏图待展，疾病突发，虽经抢救，终无佳法。巨星陨落，驾鹤西下，肝肠寸断，泪如雨下。无限思念，音容宛在，兄嫂相聚，续谱情话。九泉有灵，福泽后人，家和事兴，忠厚传家。后辈努力，为国为家，长兄走好，英名永嘉。”

半个多世纪的医学生涯，勤俭谦逊的灿烂人生。吴定寰一生致力于中医骨伤科学的挖掘、整理、继承和发扬，他为护国寺中医医院的发展倾注了毕生心血，他把自己宝贵的临床经验毫无保留地传授给了后人，培养了一大批中医骨伤人才，他为中医药事业的传承作出了突出贡献。

（撰稿人　赵湘华）

附录

清代上驷院绰班处御医夏锡伍脉系源流

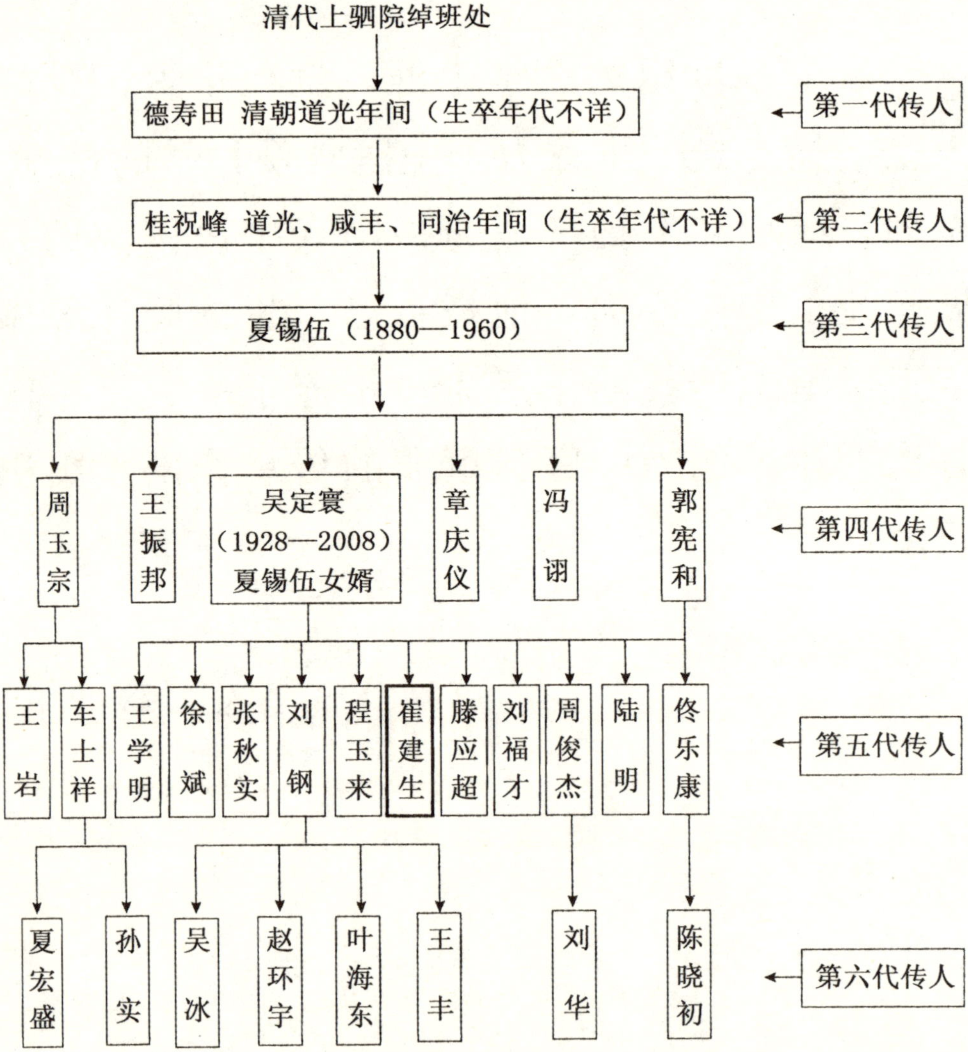

《中华中医昆仑》丛书150位医家名录

（按生年排序）

张锡纯	丁甘仁	萧龙友	王朴诚	恽铁樵
曹炳章	冉雪峰	谢　观	施今墨	汪逢春
孔伯华	黄竹斋	吴佩衡	蒲辅周	陈邦贤
李翰卿	李斯炽	姚国美	陆渊雷	张泽生
时逸人	张梦侬	叶橘泉	王聘贤	陈慎吾
邹云翔	赵炳南	承淡安	余无言	刘惠民
岳美中	沈仲圭	秦伯未	赵锡武	韦文贵
程门雪	黄文东	赵心波	董廷瑶	吴考槃
章次公	石筱山	陆南山	张赞臣	李聪甫
刘绍武	陈存仁	朱仁康	陆瘦燕	姜春华
韩百灵	高仲山	李克绍	王鹏飞	刘春圃
金寿山	哈荔田	何世英	周凤梧	干祖望
关幼波	王为兰	任应秋	罗元恺	祝谌予
杨医亚	郭士魁	何时希	耿鉴庭	俞慎初

裘沛然	顾伯华	江育仁	邓铁涛	门纯德
刘渡舟	尚天裕	朱良春	李玉奇	程士德
尚志钧	赵绍琴	董建华	米伯让	李辅仁
张珍玉	班秀文	颜正华	于己百	颜德馨
路志正	方药中	王乐匋	黄星垣	谢海洲
余桂清	何　任	王子瑜	程莘农	陈彤云
焦树德	张作舟	张　琪	李寿山	张镜人
王绵之	方和谦	印会河	王玉川	蔡小荪
李振华	马继兴	王嘉麟	宋祚民	刘弼臣
王雪苔	刘志明	吴咸中	李今庸	任继学
裴学义	王宝恩	周霭祥	贺普仁	唐由之
赵冠英	许润三	金世元	陆广莘	刘柏龄
徐景藩	吉良晨	吴定寰	沈自尹	王孝涛
张灿玾	周仲瑛	强巴赤列	张代钊	李经纬
郭维淮	柴松岩	苏荣扎布	陈可冀	李济仁
夏桂成	郭子光	巴黑·玉素甫	张学文	陈介甫